b 48
3018

DISCOURS

DE

M. L'ABBÉ DE BONNEVIE,

Prononcé à Lyon le 5 décembre 1817, pour l'Anniversaire des Victimes immolées au siège de cette ville en 1793.

PUBLIÉ par M. A. A. S. de L.

AVEC UNE PRÉFACE DE L'ÉDITEUR.

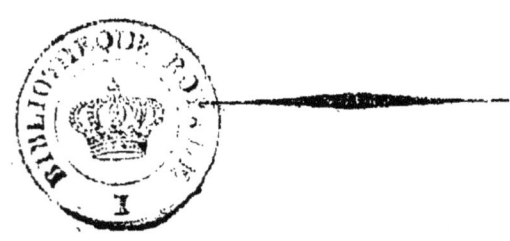

PARIS,

PETIT, LIBRAIRE DE LL. AA. RR. MONSIEUR
ET DE MGR. LE DUC DE BERRY.

VALADE, Imprimeur du ROI, rue Coquillère, n°. 27.
1817.

PRÉFACE.

Ce n'est point l'éloge du discours de M. l'abbé de Bonnevie, que je prétends faire, en le publiant ; il est au-dessus de tout ce qu'on pourrait en dire : c'est encore moins sa critique ; Il en est exempt sous tous les rapports.

Mais je vois continuellement nos publicistes empressés à nous faire connaître, les uns, ce qui se passe à Bucharest, les autres, à Buenos-Ayres ; celui-ci à Charlston, celui-là à New-Yorck. D'autres dont les vues ne s'étendent pas aussi loin, nous font part tantôt de la chûte d'une pièce à l'Odéon, tantôt du succès d'une autre au théâtre de la Porte Saint-Martin ; ici je vois l'analyse d'un très-humble discours de réception à l'académie ; là la citation *d'un bon mot de Bobèche.* D'un autre côté je lis les détails très-circonstanciés du plus affreux suicide ; de l'autre la narration complète du plus révoltant des assassinats : tristes et cruels effets du pernicieux délaissement des principes religieux de nos pères !

Pourquoi ces Messieurs ne nous entretiennent-ils pas quelquefois de ces conversions miraculeuses opérées par le zèle infatigable de nos bons pasteurs ? Pourquoi ne nous entretiennent-ils pas de la parole de l'Evangile, que prêchent avec tant d'éloquence les ministres des autels de notre Religion sainte ; de cette Religion qui donne du courage dans l'infortune, et de la modestie dans les grandeurs ? Craignent-ils de n'être pas lus, alors qu'ils ne s'occuperont pas de futilités ou de politique ? Mais la politique est-elle entièrement étrangère à la Religion ? Lisez le traité de la sainte alliance.

En effet, et les souverains en faisant ce traité, l'ont bien senti ; qui nous inspire, dans notre enfance, le respect dû aux auteurs de nos jours ? La Religion. Qui nous porte, dans l'âge mûr, à aimer, à respecter et à défendre notre souverain ? La Religion qui nous inspire aussi l'amour de la patrie. La Religion est donc le soutien du trône comme elle est la source de toute morale : c'est elle qui donne le courage au guerrier, la force au faible, l'intégrité au juge, la fidélité au sujet, et au Roi l'amour de ses peuples.

L'Autel, la Patrie et le Trône, en se servant réciproquement d'appui, doivent désormais former la devise des vrais et bons Français ; voilà l'arche du salut. Par elle nous éviterons les révolutions, qui, le plus souvent, ne doivent leur naissance qu'à quelques petits intérêts particuliers qui se croient froissés, ou à de petits amour-propres qui se croient blessés ; par elle nous formerons un rempart contre les révolutionnaires, leurs perfides complots et leur morgue insolente.

Terminons cette digression.

Toute la France connaît le dévouement de M. l'abbé de Bonnevie à l'auguste famille des Bourbons, et l'énergie avec laquelle ce respectable chanoine célébra autrefois, dans une prose éloquente, les vertus royales et la mort héroïque du Roi-Martyr. C'est ce même M. de Bonnevie dont je publie l'éloquent Discours; ce discours, prononcé au moment de l'érection d'un monument qui manquait à la ville de Lyon, qu'y cherchaient en vain les étrangers qui la visitaient, et qui doit perpétuer à jamais la mémoire des nobles victimes, tombées victorieusement sous la foudre républicaine, en défendant l'autel et le trône ; ce discours où l'orateur nous apprend, comme le commande le Christianisme, qu'il faut *rapprocher tous les esprits, calmer tous les ressentimens, éteindre toutes les haines*, n'ayant pu être entendu d'une extrémité de la France à l'autre, doit du moins y être lu du riche et du pauvre, du financier et de l'artisan, du citadin et du villageois, de l'homme d'état et du simple particulier, du guerrier et du magistrat.

C'est donc un hommage rendu à M. l'abbé de Bonnevie, que de faire jouir le public de ce discours entier prononcé avec tant d'âme à une cérémonie où chaque bon Français aurait voulu pouvoir assister, afin de contempler les traits de celui, qui joint au mérite d'une éloquence pure et facile, le mérite plus grand encore d'avoir, dans des temps de proscriptions, osé célébrer les rares vertus d'un Roi dont nous pleurerons toujours la mort glorieuse, et dont l'auguste frère, que le Ciel a rendu à nos désirs, fait tous les jours le bonheur et l'admiration des Français.

S. L.

SERMON

DE

M. L'ABBÉ DE BONNEVIE.

In multitudine misericordiæ tuæ, introïbo in domum tuam.

Seigneur, j'entrerai dans votre Temple, pour y admirer les trésors infinis de votre miséricorde.
Ps. 5. v. 8.

AINSI les jours d'allégresse sont changés en jours de deuil : ce temple offrait hier à vos regards le spectacle touchant de la famille des chrétiens réunis pour célébrer la gloire de la sainteté et les triomphes de la grâce ; elle chantait le bonheur des élus et le prix de leurs victoires. Aujourd'hui les trophées de la mort ont remplacé les trophées de la religion ; ce temple attristé ne retentit plus que d'accents funèbres ; l'autel, dépouillé de ses ornemens, ressemble à un tombeau! pour qui ces lugubres décorations? Quelle calamité inattendue répand ainsi la douleur jusques dans nos sanctuaires? ah! c'est l'Eglise, mère tendre et compatissante, qui vient pleurer avec vous; elle a quitté ses habits de fête pour revêtir, humble, suppliante, les couleurs de la tristesse; et moi, je dois être auprès de vous l'interprète de sa charité : *in multitudine misericordiæ tuæ, introïbo in domum tuam.*

Chefs des peuples, votre pouvoir s'arrête à la mort : à la mort les hommes vous échappent, ils cessent d'être vos sujets; mais ils le sont toujours de la Religion qui s'en empare. La Religion se place auprès de ses enfans, redouble de miséricorde pour eux, les enveloppe dans la vie nouvelle qu'ils commencent; de ses inquiètes bontés, monte jusqu'au trône de la clémence sur les aîles de la prière; car, mes frères, les supplications de la foi sont les véritables honneurs des morts, et les véritables consolations des vivants. Mais telle est la légèreté de vos mœurs et la tiédeur de votre piété, telle est votre soif des distractions et des plaisirs, que vous oubliez non-seulement le ciel, mais encore vos frères, vos proches, vos amis, vous fermez l'oreille à leurs gémissemens et vos cœurs à leurs pressants besoins : hélas tous les malheureux ne sont pas près de nous. Il existe un lieu destiné aux pleurs du repentir, un royaume de feu qui dévore ses habitans, une prison affreuse, sans accès qu'à la pitié, sans lumière que le jour de l'espérance, sans adoucissement que nos vœux, sans rafraîchissement que le sang de Jésus-Christ. Cependant, Chrétiens, n'ai-je pas le droit de vous le demander? Quand pensez-vous au Purgatoire? Est-ce dans le tourbillon de vos affaires, dans le fracas de vos ambitions, dans l'étourdissement de vos théâtres, dans la joie de vos festins, dans la frivolité de vos cercles, dans les raffinemens de votre luxe, dans la molesse de vos goûts, dans le sommeil de votre indifference? Je le répète, quand pensez-vous au Purgatoire?

Chrétiens et Français, je viens m'en occuper avec vous, aujourd'hui surtout que l'on s'occupe beaucoup trop des vivants et pas assez des morts; je viens prêter les efforts de ma faible voix et le zèle de mon ministère à une foule d'infortunés qui la réclament; je viens au moins intéresser à leur cause le petit nombre d'âmes détachées de la figure éblouissante du monde. Quand fut-il jamais plus nécessaire de prier pour les morts ? Quelle autre cité a pleuré tant de victimes ? Combien, sous vos yeux, ont entendu sonner la dernière heure sans y être préparés ? Que de familles, éteintes jusque dans leur dernier rejeton, n'ont que vous pour intercesseurs ? Ecoutez donc, non pas seulement la voix terrible et déchirante de l'humanité qui éclate en longs et lamentables échos, mais la voix touchante et pieuse de la douleur qui réclame vos secours, écoutez aussi la mienne ; et où prêcherais-je avec plus de confiance le plus charitable de nos dogmes, que dans une cité éminemment charitable, dont les habitans, renommés aussi par leur courage, ont défendu les principes conservateurs de la foi et de l'ordre, lorsque tout était mensonge, folie et crime autour d'eux ; et qui ont donné, pour le maintien de la vérité, leur sang et le plus pur et le plus beau ?

O siège mémorable dont l'histoire éternisera les prodiges ; où tous les genres de gloire illustrèrent tous les genres d'infortunes ; où les enfants d'une cité, heureuse et florissante depuis tant de siècles dans les arts de la paix, se précipitèrent tout à coup, en guerriers indomptables contre l'oppression et l'anarchie; et sans rempart que leur intrépidité, sans ressource que leur dévouement, sans repos que leur conscience, vainquirent plus d'une fois de nombreuses légions à l'approche desquelles des rois puissans avaient naguères tremblé sur leur trône; où un chef, général et soldat tout ensemble, dont les sentimens étaient nobles comme l'honneur, excitait dans toutes les âmes, par l'héroïsme de ses exemples, le désir et l'espérance de détrôner le crime et de sauver la patrie; où brillaient tour-à-tour l'audace dans l'attaque et la fermeté dans la défense, la vigilance dans les camps et l'intelligence dans les details, la constance dans les revers et la modération dans les succès; où des magistrats, recommandables par leur désintéressement et par leur expérience, administraient la chose publique avec un zèle égal au courage des guerriers; où on rivalisait d'énergie et de prudence; où la prévoyance des besoins et des hasards éclairait tous les écueils; où le trésor commun était l'harmonie de toutes les volontés; où ce sexe faible et timide bravait les périls, pansait les blessés, consolait les mourants, ensevelissait les morts; où d'autres Français égarés mais toujours Français par la valeur, impatients et irrités de ce qu'elle vient se taire devant une poignée de combattans et la renommée de leurs exploits, vomissent, dans leur désespoir funeste, l'incendie et la mort jusque dans les inviolables asiles des infirmités humaines!

L'Univers sait le reste. . . . . . .

Ils tombent les défenseurs de la plus sainte des causes ; ils tombent victimes de leur inaltérable fidélité à des principes que la grandeur et le danger des circonstances leur rendaient encore plus sacrés ; ils tombent au bruit de la vengeance satisfaite ; ils tombent au bruit des marteaux sacrilèges qui démolissent, *au nom de la loi*, la seconde ville du royaume ; ils tombent au bruit de la foudre qui jette au loin leurs membres déchirés ; et la plaine indignée boit le sang de l'innocence ! ils tombent au printems, ou dans l'automne, ou dans l'hiver de leur âge, sans un regard qui les soutienne, sans un témoin qui les pleure, sans un cœur qui leur réponde, sans un ministre de cette Religion bienfaisante qui essuye les larmes des infortunés ; ils tombent dans la solitude d'un massacre qui glace toutes les veines et torture toutes les âmes ; ils tombent abandonnés de la terre, tournant les yeux vers la Sainte Montagne d'où la Mère des affligés semblait leur promettre la récompense de leurs sacrifices ; se confiant aux prières de quelques amis réservés au tourment de leur survivre. Oui, mes Frères, le dogme que j'annonce était vivant au fond de leur conscience ; ils allaient paraître au tribunal de celui qui juge les vertus mêmes.

Ah ! devaient-ils s'attendre que leurs corps sanglans et mutilés *pour Dieu et pour le Roi*, resteraient si long-temps ignorés et ensevelis dans les entrailles de la terre, et que l'oubli serait le salaire de leur glorieux trépas ? Sans doute l'idolâtrie n'avait point de supplication pour les morts, elle n'arrosait point de larmes ses autels d'airain ; mais elle avait des hymnes et des trophées ; la magnificence des sépultures et des apothéoses payait les grands services : la cendre des guerriers recelait un feu inextinguible qui embrâsait tous les cœurs ; et les récompenses de la patrie faisaient courir à de nouveaux dangers et à de nouvelles victoires. Ah ! devaient-ils s'attendre, les défenseurs de la plus sainte des causes, qu'aucun monument ne serait décerné à leur nom, qu'aucun hommage religieux et public ne signaleraient les lieux où ils avaient conquis l'étonnement du monde ; qu'il serait foulé par l'indifférence le sol qui cachait leurs débris, que des fêtes profanes les souilleraient; que leurs os, peut-être, deviendraient les jouets de leurs enfants, que la mémoire de leurs hauts faits s'évanouirait avec la rapidité du fleuve qui en fut le témoin; que le jour même de la commune tristesse, le souvenir des hommes leur serait infidèle; enfin qu'aucun temple ne verrait brûler pour eux l'encens de la piété et de la reconnaissance?

Ames généreuses, des crimes nouveaux et de nouveaux désastres devaient conduire jusques sur les bords de l'abîme la patrie que vous avez tant aimée! Faut-il s'étonner qu'il ait été interrompu le culte des morts, lorsque le brigandage avait des autels, et que l'Eternel n'en avait plus; lorsque l'impiété avait sa langue, son calendrier et ses fêtes; lorsque la majesté des Rois était violée dans leurs sépulture et qu'on profanait indignement les augustes dépouilles des monarques, protégés par des siècles de gloire; lorsque l'ostentation du vandalisme et la jactence des forfaits étaient des passions louables et lucratives; que la voix du remord était éteinte, et que l'espèce humaine défigurée, solennisait la commémoration d'un parricide dans un temple ravi à

Dieu, pour le consacrer à l'assassinat. Quoi! d'horribles vanteries que les échos repoussent par des gémissemens funèbres! quoi! les symboles de la joie pendant que la France devrait rougir d'elle-même, et que l'Europe interdite est couverte des crêpes de la douleur! quoi! des imprécations contre une royale mémoire, digne de toutes les expiations et de tous les repentirs, contre un prince que nous aurions voulu ressusciter avec le dernier souffle de leur existence et de leur amour!

Et à une époque plus voisine des jours de paix et de bonheur qui lui ont succédé, faut-il s'étonner que l'humanité n'ôsât verser des pleurs sur les victimes de l'honneur et du devoir, ni la Religion entonner pour elles ses chants lugubres? Vous le savez, mes Frères, le mépris des anciennes règles, la manie des nouveautés énivrantes, les chocs de la vérité et de l'erreur, la croyance publique étaient l'objet de la plus injurieuse apathie; la piété, une faiblesse; l'attachement aux principes, une vaine superstition; le zèle, fanatisme; la conscience, préjugé; la vie future, despotisme sacerdotal; une domination sans frein envahissant tout sans pudeur; les antiques-bornes déplacées ou arrachées; tous les abus de la force avec toutes les ruses de la perfidie ; le pavillon de l'indépendance menaçant le vaisseau de l'Eglise ; la veuve du peuple-roi, veuve de son roi-pasteur, les troupeaux inquiets, tremblants, consternés ; l'épiscopat luttant corps à corps avec la tyrannie, et honoré, par sa victoire, de la plus savante persécution : faut-il s'étonner que la Religion ait été muette pour les victimes de ce qu'il y a de plus sacré sur la terre, lorsqu'il n'y avait plus rien de sacré parmi nous, et que la haine du passé eût accusé peut-être nos mystères et nos larmes ?

Ames généreuses, depuis que la Religion respire de ses amertumes et de ses humiliations; depuis que la France, si long-temps penchée vers sa ruine, se relève miraculeusement, sans convulsions, sans secousse, sans violence ; depuis que l'autel et le trône se servent l'un à l'autre et de règle et d'appui ; enfin depuis qu'il est permis d'être Chrétien et Français, la voix de votre sang a été entendue : les martyrs de la Royauté auront aussi leur temple comme les martyrs de la Foi. Oh ! combien je m'applaudis de célébrer les martyrs de la Royauté dans la ville des martyrs de la Foi, que leur gloire enveloppe depuis 1700 ans ; où la mémoire des ancêtres est un engagement à suivre leurs traces ; où à chaque pas on croit voir un exemple et écouter une leçon ; où le Christianisme est auguste de vieillesse ; où la plus intéressante page de son histoire est écrite sur d'ineffaçables débris ; où retentit encore le bruit des idoles qui fuyent à travers leurs sanctuaires qui s'écroulent ; où le sang des athlètes de Jésus-Christ coule encore dans les veines de leur postérité fidèle ! ô saints ayeux, vos enfants n'ont point dégénéré ; ils illustrent la noblesse que vous leur avez transmise. Oui, les martyrs de la Royauté auront aussi leur temple comme les martyrs de la Foi ; on ne les invoquera point, mais la douleur et la reconnaissance auront leur langage et leurs offrandes ; leurs dépouilles ne reposeront point sur l'autel de propiciation ; mais on les couvrira des vœux de la Foi et des prières de la confiance ; on y apprendra à trouver l'immortalité dans la mort ; les grandes pensées y germeront en foule et les lauriers y croîtront comme dans leur terre natale ; on y recevra des leçons de magnanimité chrétienne ; on y fera l'apprentissage de tout ce qui aggrandit les âmes et de tout ce qui assure la prospérité des états ; la paix de cette nouvelle demeure calmera tous les ressentimens, éteindra toutes les haines, rapprochera tous les cœurs; le passé viendra se perdre dans l'urne sacrée qui contiendra toutes les larmes répandues pour la plus juste des résistances.

Désirable monument auquel se rattacheront encore les éminents services de ces hommes, qui, étrangers à votre cité, l'ont défendue au milieu des périls, sans qu'aucun obstacle refroidit leur belliqueux intérêt; et qui, atteints du coup mortel, ne s'occupaient que des braves dont ils avaient partagé les travaux et la gloire; de ces guerriers sans peur et sans reproche, que le même héroïsme avait rassemblés dans vos murs et dévoués à votre salut; de cette vaillante jeunesse, l'élite des villes et des campagnes, que les mêmes sentiments avaient enrolés sous les mêmes drapeaux, combattant, veillant, mourant pour la même cause, heureuse ou malheureuse des espérances ou des alarmes de vos familles; de ces preux pour lesquels une ville sans muraille était le rendez-vous de la fidélité et le boulevard de l'honneur, vous guidant ou plutôt vous trouvant toujours au chemin du devoir, disputant avec vous de privations, de fatigues et de blessures, économisant le sang de leurs compagnons d'armes; qui auraient donné leur vie pour la vôtre, et ne regrettaient, en la quittant, que le bonheur de voir une cité, digne d'un meilleur sort, rendue aux enfans d'Henri IV.

Edifice sacré qui expiera du moins les édifices somptueux de l'orgueil, et qui deviendra un signe au milieu de vous : *portate lapides ut sit signum inter vos.* Ces pierres éloquentes parleront à vos derniers neveux, elles seront le magnifique témoignage de votre libéralité et de votre justice ; on répètera d'âge en âge qu'elles ont été posées pour servir d'éternel garant à nos princes ; qu'à la seule idée de l'asile destiné à vos citoyens morts pour la patrie, toutes les âmes ont été émues, et l'indifférence, la jeunesse, la frivolité même, un moment suspendues entre l'attendrissement et l'admiration. Mes Frères, à qu'elle légitime usure ne placez-vous pas une légère portion de votre opulence ? *Idcircô positi sunt lapides in monumentum in sempiternum.*

Temple religieux, qui tardait aux désirs de l'Eglise et à l'impatience de vos pères, de vos époux, de vos fils ! les voyez-vous, avec les yeux de la Foi, qui vous tendent leurs mains suppliantes ? Un autel de plus où chaque jour on immolera pour eux l'agneau sans tache; un autel élevé en leur nom ; autour duquel la vertu, l'innocence, la pitié viendront invoquer le Dieu de la miséricorde ; un autel qui commandera le respect dû au malheur et aux tombeaux ; un autel qui honorera le monarque désiré; quel autre qu'un bon Roi pourrait inspirer des idées si nobles et des projets si touchants? qui honorera l'auguste voyageur dont la présence a allégé le poids de vos accablants souvenirs ; il a voulu le premier dans vos murs honorer la cendre des victimes, tristes et habituels objets de sa douleur dans la solitude de son exil ; qui honorera la Religion seule capable de fonder, d'affermir des institutions utiles; qui honorera vos familles; si la reconnaissance est une dette, elle procure aussi l'estime et le goût des bonnes œuvres ; qui honorera la nation française, en rappelant aux nations étrangères qu'elle garde les dévouements sublimes et les héroïques exemples ; un autel sur lequel on croira lire : le parent et l'ami qui vous ont été arrachés, habiteront bientôt un meilleur monde; un autel où tous les états, tous les sexes, tous les âges feront un cours de morale pénétrante et instructive; où l'adolescence puisera l'amour du Roi et de la patrie; où la jeunesse étudiera la fragilité de la vie et la caducité de ses plaisirs; la maturité, le néant de l'ambition et de l'opulence; où la vieillesse, fière de la génération qui doit la suivre, prendra avec moins de regret la route du sépulchre; un autel qu'ombrageront les palmes de la gloire! Or, mes frères, il y a dans les palmes de la gloire une sève puissante qui agit avec une force secrète sur les cœurs bien nés; la gloire enfante la gloire, et la vertu enfante la vertu; les descendants ressemblent aux ancêtres; incorruptible cité, tu reçois tes princes comme tu sais mourir pour eux!

Maintenant, Chrétiens et Français, c'est l'intention de la cérémonie qui nous rassemble, rompons un silence trop long et trop pénible à notre amour et à notre douleur; prions de toute la sensibilité de nos cœurs et de toute la force de nos voix qui sont enfin affranchies; prions, c'est la Religion, c'est l'Eglise, c'est Dieu qui nous en imposent l'obligation; prions avec toute la France revenue à ses doctrines tutélaires; telle qu'un fleuve violemment détourné de son lit, y rentre sans effort; prions maintenant, prions pour un Roi égorgé par ses propres bienfaits, et dont la mort nous avait tous rendus malheureux ou coupables; pour une Reine si affable dans la grandeur, si grande dans l'infortune, précipitée dans le tombeau de son époux, au mépris des lois de l'hospitalité et de la nature; pour l'incomparable héroïne de la tendresse fraternelle, l'exemple de la cour et la gloire de la Religion; pour un Enfant dont le règne ne fut qu'une douleur, le Palais un cachot, le sceptre des fers, pour le dernier héros de sa race, moissonné à la fleur de son âge, lorsqu'il promettait à son nom et à son pays d'abondantes moissons de gloire; prions pour ces illustres proscrits, bannis par des misérables qu'ils aidaient de leur crédit ou qu'ils secouraient de leurs largesses, allant reposer leur tête sur les bornes du monde où ils exhalèrent leur dernier soupir et leur dernier adieu à cette belle France qu'ils avaient servie de leur sang; pour ces pontifes dont les vertus égalaient les lumières, fatiguant leurs bourreaux du miracle de leur résignation et de leur douceur; pour ces prêtres, malheureux seulement dans les prisons où on les entasse, de ne pouvoir plus offrir la victime sainte, s'offrant eux-mêmes en holocauste pour leur ingrate patrie; prions pour ces femmes suspectes d'aimer Dieu et le Roi, immolées dans la carrière du bien par le génie du mal ; pour ces vieillards traînés à l'échafaud, sans respect, ni pour leurs cheveux blancs, ni pour leurs travaux, ni pour leurs vertus ; pour ces grands chrétiens, dignes des plus beaux âges, se félicitant d'être réunis dans les mêmes combats de la Foi et demain dans ses récompenses ; pour ces criminels d'un nouveau genre, atteints et convaincus d'avoir nourris leurs enfants, mourants de faim, aux terres étrangères ; prions pour cette multitude de victimes qui reconnaîtront devant Dieu les bons offices de votre charité.

Mais priez aussi, mais priez sans délai, mais priez sans cesse, mais priez surtout pour les victimes qui vous appartiennent en propre et qui ont coûté tant de larmes. A quoi servirait de vivre dans vos annales, si elles n'étaient pas inscrites dans le livre de vie ? De quel prix seraient pour elles l'éloge de leur vaillance, si vous négligiez de leur en obtenir la couronne ? Priez pour cet époux dont le dernier vœu était de vous retrouver au séjour des éternelles alliances ; priez pour cet ami dont le cœur, à ses moments suprêmes, palpitait encore au souvenir des jours heureux qu'il avait passés avec vous ; pères et mères, dignes de porter des noms si tendres, et qui les entendiez prononcer avec tant de joie par des enfants chéris, priez pour ces enfants, autrefois les objets de votre touchante inquiétude, qui demandent aujourd'hui une dernière preuve de votre amour; et vous enfants orphelins, oublieriez-vous celui qui vous a donné l'existence et qui vous a légué de si riches exemples? O enfants, il est si doux de parler encore aux auteurs de ses jours et d'en être entendu, de parler d'eux, surtout à Dieu, et d'en être exaucés, d'offrir pour eux les prières et les larmes de la justice et de la reconnaissance, de croire qu'ils devront le ciel à ceux qui leur doivent la vie, et que du haut du ciel ils veilleront sur leurs enfants, jusqu'à ce que les enfans soient réunis à leurs pères dans les ineffables jouissances de la félicité, sans mesure et sans terme. Oui, les martyrs de la Royauté auront leur temple comme les martyrs de la Foi. Je le jure par les habitans d'une cité pieuse: non, leur sang n'aura pas coulé en vain, et les murs imparfaits du monument qu'on leur prépare, n'accuseront jamais la froide insensibilité de leurs descendants.

Enfin, que votre charité, aussi étendue que celle de l'Eglise, embrasse tous les Chrétiens endormis dans le Seigneur: les liaisons que la grâce de la régénération a formées, n'établissent-elles pas une véritable communauté de biens qui unissent tous les enfans de Jésus-Christ? Nous devions aimer nos frères pendant la vie, quelqu'étrangers qu'ils nous fussent dans l'ordre de la nature : la mort nous aurait-elle affranchi de ce précepte? Eh! nos frères, en devenant malheureux, nous seraient-ils devenus indifférens? Vous tous, qui insultez à nos institutions et à nos dogmes, venez admirer les merveilles de notre charité : partout, vous représentez les hommes sous la douce idée de frères; nous l'adoptons comme vous, cette attendrissante idée : mais vous en faites un système, et nous un ministère; vous déclamez, et nous agissons. Ici, dans nos sanctuaires, on veut le bonheur de tous, même de ceux qui ne sont plus; ici, on a le même esprit, la même foi, la même espérance, le même amour; ici, on est rassemblé par les mêmes sentimens et les mêmes vœux; ici, on plonge dans le monde invisible pour racheter la douleur; ici, l'Eglise militante, pour terminer les épreuves de l'Eglise souffrante, implore l'intercession de l'Eglise triomphante.

Dogme vraiment divin, sur lequel appellent le jour de l'évidence, la révélation, l'autorité de l'Eglise et de ses interprètes ; le témoignage des monumens, la raison elle-même et la faiblesse des objections qui le combattent; dogme inattaquable que l'incrédulité voudrait arracher du fond des consciences, et que le sentiment y ramène : que les sophistes poursuivent de leurs insultantes railleries, et qui a triomphé de tous les sophismes, de toutes les attaques, de toutes les révolutions; que l'hérésie appelle le rêve de la cupidité et une invention de quelques siècles, et que tous les siècles, toutes les lumières, toutes les vertus' tous les affligés protègent de l'adhésion la plus éclatante! Dogme consolateur, qui remue le cœur par tous les tableaux qui animent l'espérance et la crainte, effraie le méchant sans le désespérer, rassure l'innocence timide, et ce qui le distingue éminemment, sanctifie, pour ainsi dire, le malheur! Dogme touchant, qui montre au-delà de la vie les sources d'un commerce plein de confiance, d'intérêt et d'abandon, entre l'amour filial et l'amour paternel, consacre la mémoire des innombrables habitans du tombeau, acquitte, en ouvrant le Ciel, le plaisir d'une bonne action, assure peut-être à votre ami une place éternelle à la table du Seigneur, en faveur du morceau de pain que vous donnez à un pauvre, fortifie la croyance de l'immortalité. Oui, si le dogme du Purgatoire ne nous eût pas été révélé par Dieu même et confirmé par la tradition, il semble que le besoin de nos cœurs aurait su l'inventer pour glorifier la charité divine, et donner un puissant aiguillon à la charité humaine. Mais rappelons-nous que de grandes calamités exigent de grands secours, que nous servons la charité divine par nos humbles méditations, et qu'elle punit à regret des âmes qui sont son image. Dieu de Saint-Louis! protecteur du vieux empire des Francs, nous nous jettons à vos pieds, nous vous demandons grâce pour les défenseurs d'une cité qui vous fut toujours chère; considérez et les combats qu'ils ont livrés à l'impiété et à l'anarchie, et les périls qu'ils affrontaient, et le sang qu'ils ont répandus pour une cause digne de vous; écoutez nos prières, exaucez nos vœux, recevez le tribut de nos larmes. Dieu de bonté, je crois vous voir en ce jour céder aux instances de notre foi et aux importunités de notre zèle; je crois entendre les célestes parvis retentir de louanges, de bénédictions; elles y pénètrent enfin ces âmes, trop long-tems enchaînées par votre justice, maintenant libres et heureuses par votre miséricorde. Comme le cœur de ces nouveaux élus est tout entier à leur libérateur; comme l'assemblée des Saints partage toute entière la sainte ivresse qui les inonde, et la sainte reconnaissance qui les remplit! Comme Dieu lui-même paiera notre charité de ses dons, afin que nous devenions aussi les héritiers de sa gloire!

S. J.

www.ingramcontent.com/pod-product-compliance
Lightning Source LLC
Chambersburg PA
CBHW060527050426
42451CB00011B/1697